마리아는 모든 것을
마음속에 간직하였다

## 엄마의 기도

마리아는 모든 것을
마음속에 간직하였다
엄마의 기도

---

**초판 발행일** 2018. 6. 25
**1판 3쇄** 2024. 4. 30

**글쓴이** 김옥례
**그린이** 심순화
**펴낸이** 서영주

**펴낸곳** 성바오로
**출판등록** 7-93호 1992. 10. 6
**주소** 서울특별시 강북구 오현로7길 20(미아동)

**취급처** 성바오로보급소 **전화** 944-8300, 986-1361
**팩스** 986-1365 **통신판매** 945-2972
**E-mail** bookclub@paolo.net
**인터넷 서점** www.**paolo**.kr

책값은 뒤표지에 있습니다.
**ISBN** 978-89-8015-909-3
**교회인가** 서울대교구 2018. 1. 23 **SSP** 1061

ⓒ 김옥례, 2018

이 도서의 국립중앙도서관 출판예정도서목록(CIP)은 서지정보유통지원시스템 홈페이지(http://seoji.nl.go.kr)와 국가자료공동목록시스템(http://www.nl.go.kr/kolisnet)에서 이용하실 수 있습니다. (CIP제어번호 : CIP2018016766)

> 이 책은 저작권법의 보호를 받으므로 무단전재와 무단복제를 금합니다.
> 이 책 내용의 전부 또는 일부를 재사용하려면 반드시 저작권자와 성바오로출판사의 동의를 얻어야 합니다.

마리아는 모든 것을
마음속에 간직하였다

# 엄마의 기도

김옥례 글 | 심순화 그림

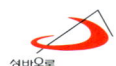
성바오로

# 차례

| | |
|---|---|
| 아이의 하루를 봉헌하며 | 6 |
| 자연을 사랑하는 아이 | 8 |
| 마음이 아름다운 아이 | 10 |
| 새 학년을 맞이하는 아이를 위하여 | 13 |
| 취업 준비생 자녀를 위하여 | 15 |
| 혼기가 찬 자녀를 위한 기도 | 17 |
| 아이들의 아침을 깨우며 | 19 |
| 출근길 울며 매달리는 아이들 | 20 |
| 사춘기를 맞은 아이들 | 23 |
| 아이가 욕심을 부릴 때 | 25 |
| 꿈이 없는 아이를 위한 기도 | 27 |
| 아픈 아이를 위하여 | 29 |
| 밤늦도록 돌아다니는 아이를 기다리며 | 31 |
| 편식하는 아이를 보며 | 34 |

| | |
|---|---|
| 공부하기 싫어하는 아이 | 36 |
| 게임에 빠진 아이 | 38 |
| 홀로 아이를 키우는 엄마의 기도 | 40 |
| 여행을 떠나는 아이를 위하여 | 43 |
| 자존감 있는 아이 | 45 |
| 수호천사께 드리는 기도 | 48 |
| 알게 모르게 받은 상처 | 50 |
| 하늘 엄마께 아이들의<br>　순간순간을 봉헌하며 | 52 |
| 시험을 앞에 둔 아이를 위한 기도 | 54 |
| 사랑하게 하소서 | 57 |
| 잠들어 있는 아이 앞에서 | 59 |
| 귀가하는 아이를 기다리며 | 61 |
| 감실 앞에서 | 63 |

# 아이의 하루를 봉헌하며

새날을 창조해 주시고
새로운 생명이 부활케
해 주시는 주님,
찬미와 감사를 받으소서.
오늘 새날을 맞이하는
제 아이를 봉헌합니다.

아이의 하루를 축복해 주시어
당신의 눈으로 보고
입으로 말하고
귀로 듣고

주님의 지혜로 생각하게 해 주소서.
침묵할 때 침묵하고
말해야 할 때 말할 수 있도록
주님, 이끌어 주소서
작은 수고도 기쁨으로 하게 하시고
주님께 사랑한다고 속삭일 줄 아는
사랑의 마음을 주시어
이웃과 모든 이들에게
도움이 되게 하소서.

# 자연을 사랑하는 아이

우리에게 아름다운 세상을
마련해 주신 주님,
저희 아이에게 하느님께서 창조해 주신
자연을 사랑하는 마음을 주소서.
꽃을 볼 때마다 꽃 같은 마음을
하늘을 볼 때마다 하늘빛 넓은 마음을
물을 볼 때마다 맑고 고운 마음을
맛보게 하소서.
아름다움을 보고 감탄하며
사랑할 줄 아는 아이로 자라게 해 주소서.
물처럼 투명하고 유순하며

꽃처럼 예쁘고
하늘처럼 맑고 푸르른 꿈을
가꾸게 하소서.
그리하여
천사 같은 마음으로
모든 이들의 수호천사가
되게 하소서.

# 마음이 아름다운 아이

주님,
제 아이를 예수님 닮은 아이로
키우고 싶습니다.
날마다 감사하며
그 마음에 아름다운 꿈을
소중히 간직하고
만나는 이들에게
밝고 명랑함을 전하며
어른들에게는 친절하고
따뜻한 마음으로 대하고
친구들에게는 아픔을 함께하며

안아 주고 다독여 줄 수 있는
사람이 되게 하소서.
정의롭고 비굴하지 않으며
작은 잘못이라도 먼저 용서를 청하며
배려와 감사와 고마움과 미안함을
기억하며 실천하는 아이로
자라게 해 주소서.

예수님 마음이 우리 아이의 마음이
되게 하소서.

# 새 학년을 맞이하는 아이를 위하여

주님,
아이가 새 학년을 맞이하게 되었습니다.
지난 학년에 베풀어 주신
은혜에 감사드립니다.
새롭게 만나게 될
선생님과 반 친구들과의 만남을
축복해 주소서.
제 아이가 친구들과의 만남에서
기쁨을 주는 친구,
기분 좋은 친구,
사귀고 싶은 친구가 되었으면 좋겠습니다.

선생님을 존경하고 예의 바른 아이
친구들에게 친절하고
책임과 의무를 다할 줄 아는
수호천사가 될 수 있도록
착한 마음을 주시고
몸과 마음이 날로 튼튼하게
자랄 수 있도록
은총 내려 주소서.

# 취업 준비생 자녀를 위하여

사랑의 주님,
학업을 다 마친 자녀들의 취업은
당연하다 믿었던
저의 교만을 용서하소서.
지혜의 주님,
취업 준비로 몸과 마음이 지쳐 있는
제 자식을 봉헌합니다.
성당에 나가는 것도 포기하고
오직 취업을 목표로
무진 애를 쓰고 있습니다.
모든 문제는 주님께 맡기고

주님께서 도와주시리라는
믿음을 가지게 해 주십시오.
이제는 본인 뜻이 아니라
주님께서 함께해 주시리라
신뢰하는 마음으로
기도하며 준비할 수 있도록 도와주소서.
또한 매일의 성사 생활을 통하여
신자로서의 의무를 다하며
당신의 뜻을 기다리게 하소서.

# 혼기가 찬 자녀를 위한 기도

카나의 혼인 잔치에서 첫 번째 기적을
행하신 주님,
찬미와 영광을 받으소서.
저희 아이가 혼기가 꽉 차서
늘 걱정하는 마음으로
애태우고 있습니다.
부디 저희 아이가 주님께서 계획하신
배우자를 만날 수 있도록 은총을 주소서.
저희 아이가 세상 것으로 꽉 차 있는
항아리를 비우고
당신의 은혜로 채울 수 있는

빈 항아리를 준비하게 하소서.

부모인 저희는 끊임없이 기도하며
희망으로 기다리게 하소서.
사랑으로 맺어진 남녀는
얼마나 행복합니까.

# 아이들의 아침을 깨우며

외딴 곳에서 홀로 기도하시는 주님,
곤히 잠자는 아이를
주님의 입맞춤으로 깨워 주시어
아이가 기쁨으로 눈뜨게 하시고
영혼의 눈도 뜰 수 있도록 축복해 주소서.
해처럼 밝게
새들의 지저귐처럼 명랑하게
주님께 찬미를 드리게 하소서.
건강한 모습으로
만나는 이들에게 기쁨이 되게 하소서.

# 출근길 울며 매달리는 아이들

사랑으로 자녀를 기르시는 주님,
출근 때마다 울며 매달리는 아이를
등 떠밀 듯 떼어 놓고 나옵니다.
차마 떨어지지 않는 저의 발걸음이
주님께 나아가는
사랑의 길이 되게 하소서.

늘 함께할 수 없지만
엄마의 책임과 사랑을 다할 수 있도록
이끄소서.
제가 없는 동안에도

아이들이 성모님의 사랑 안에서
자랄 수 있도록
성모님께서 맡아 주소서.
성모님께 온전히 의탁합니다.

# 사춘기를 맞은 아이들

저보다 더 제 아이를 사랑하시는 주님,
사춘기로 몸살을 앓고 있는 아이를 봉헌합니다.
아이는 예전과는 다르게 과격한 행동과 말로
저를 놀라게 합니다.
생각지도 못했던 사건들이 자주 일어납니다.
이성을 사귀고 싶어 하며
방문을 잠그고 나오지도 않아
속을 태웁니다.
무엇이 그 아이를 변하게 했을까요.
주님의 사랑으로 하루하루를 잘 넘기고
마음의 평정을 되찾기를 바랍니다.

주님께서 친히 그 아이의 손을 잡아 주시고
이 질풍노도의 시기를
슬기롭게 극복할 수 있도록
친히 돌보아 주소서.

# 아이가 욕심을 부릴 때

어린아이와 같이 되라 말씀하신 주님,
그 순수해야 할 아이가
욕심으로 가득 찬 모습을 봅니다.
친구 것이 제 것인 양 무엇이든 뺏으려 하고
자기 것을 친구에게 하나도 양보하지 않습니다.
무엇이 그 아이의 마음을 그렇게 만들었을까
그저 답답할 뿐입니다.
제가 잘못 키우고 있는 것은 아닐까,
오늘도 고집을 피우며
울고 떼쓰는 아이를 볼 때
마음이 아픕니다.

아이의 상한 마음을
당신 사랑으로 고쳐 주십시오.
아이가 친절하고 착한 아이로 변화되게 하시어
세상에 빛과 소금이 되게 하소서.

# 꿈이 없는 아이를 위한 기도

아들아 딸아
꿈은 먼 미래를 위한 것만이 아니란다.
너의 하루하루의 삶이 내일이 될 테니까.
너의 계획을 주님께 내어 드리고
그분이 이끄는 대로 따라가거라.
때로는 힘들고 아픔도 있겠지만
실패 속에서도 주님을 만난다면
너희의 꿈은 새로운 날개를 달고
비상할 것이다.

주님,

아이들이 힘들고 지칠 때
함께해 주시니 감사드립니다.
당신이 저희 아이의 꿈이 되어 주시고
용기가 되어 주시기를 간구합니다.

다시 꿈을 품은 자녀들이
당신께 사랑을 고백하게 하시고
죽어 가는 것들에 스며드는
생명이 되게 하셔서
참으로 아름다운 꿈을 찾아가게 하소서.

# 아픈 아이를 위하여

치유자이신 예수님,
지금 저의 아이가 몹시 아파하고 있습니다.
저에게 카나 여인과 같은 믿음을 주소서.
겸손한 마음으로 청하오니
주님의 은총으로 치유되기를 간절히 바랍니다.
아이가 통증으로 고통스러워하는 모습 앞에서
저는 작고 미약합니다.
뼈가 깎이는 듯 아픈 마음뿐입니다.
찢어지는 제 마음을 봉헌합니다.

아이를 치료해 주는 의사의 손길이

주님의 손길이 되게 하시고
기도해 주는 모든 이들에게는
감사와 사랑을 부어 주시옵소서.
주님,
부디 아이가 건강한 모습을 되찾아
찬미와 감사를 드리며
모든 이들에게 도움을 줄 수 있는
빛과 소금이 되게 하소서.

# 밤늦도록 돌아다니는
# 아이를 기다리며

길 잃은 한 마리 양을 찾아
먼 길 떠나시는 주님,
요즘 저희 아이가 집을 나가
어디선가 방황하고 있습니다.
기대처럼 채워지지 않는 현실을
받아들이기가 힘들었나 봅니다.

모든 것이 제 탓이라며 가슴을 쳐 보지만
아무것도 모르겠습니다.
어디서 어떤 모습으로 있는지
행여 나쁜 곳에 빠져 있지나 않은지

걱정이 되어 죽을 지경입니다.
주님께서는 제 아이의 생각을
꿰뚫어 보시고 계시겠지요.
주님께서 그 아이의 마음을
돌려 주시리라 믿으며
희망을 가집니다.

더욱 아이를 따뜻하게 보살피며
그 마음을 안아 주며 아픔도 함께할 수 있는
넉넉한 사랑의 엄마가 되겠습니다.

주님, 도와주십시오.

# 편식하는 아이를 보며

날마다 우리에게 일용할 양식을 주시는 하느님,
감사합니다.

참새 같은 입으로 이 노래를 부르며
식탁에 앉습니다.
전쟁은 그때부터입니다.
이것도 싫고 저것도 싫다
두 손으로 입을 막으며 거부할 때마다
알밤을 때려 주고 싶은 마음입니다.
제 인내도 한계가 옵니다.

주님,

도와주십시오.

주님께서 오병이어의 기적을 일으키셨듯이

아이에게도 기적을 베풀어 주십시오.

음식이 되기까지 수고하는 이들의 마음이

아이에게도 전해졌으면 합니다.

다시는 편식하지 않고 무엇이든 잘 먹어

기쁜 마음으로 식탁에 모이게 해 주소서.

아이의 몸과 마음이 날로 튼튼해져서

찬미의 도구가 되게 하소서.

# 공부하기 싫어하는 아이

지혜의 주님,
제 아이가 공부하기를 싫어합니다.
최고의 아이로 키우고 싶은 제 욕망이
아이를 지치게 했나 봅니다.
제가 아이를 주님의 자녀로 양육할 수 있도록
제 마음을 다스려 봅니다.
그리고 주님께 다시 내어 드립니다.
주님께서 솔로몬에게 주셨던
천상의 지혜로 채워 주시어
세상의 공부만이 아니라
주님의 사랑도 깨달을 수 있는

아이로 키워 주십시오.

친구들을 딛고 앞서기보다

선의의 경쟁을 통해 친구들과 함께하는

아름다운 마음으로 자라게 하소서.

# 게임에 빠진 아이

저희에게 세상의 좋은 것을 다 주시고
그것들을 잘 사용하며 즐기라고 하신 주님,
세상은 어둠으로 혼탁하고
아이는 게임에 빠져 있습니다.
주님께서 아이의 마음과 눈을
새롭게 해 주시어
하루 속히 게임 중독에서 벗어나도록
도와주시기를 간구합니다.
게임 대신 주님의 말씀에 맛 들이고
주님 음성에 길들여지게 도와주세요.
아이의 생각과 행동들이

주님의 뜻에 따라 변화되고
절제와 분별력이 있도록
치유시켜 주십시오.

# 홀로 아이를 키우는 엄마의 기도

우리의 삶을 주관하시고
앞날을 예비해 주시는 주님,
주님께서 제게 선물로 주신
제 아이들을 봉헌합니다.
홀로 아이들을 양육하기에
저는 너무도 부족합니다.
성모님은 저의 친정어머니시자
아이들의 어머니십니다.
도와주십시오.
제 아이의 양육을 성모님께 맡겨 드립니다.

천상 어머니 마음으로 키워 주시어
주님의 도구로 써 주십시오.
어머니께서는 저희 아이들의 필요를 아시고
어머니의 방법대로 키워 주시리라 믿습니다.
성모님의 사랑으로 성장한 아이들이
성모님이 친엄마라고 고백할 수 있었으면
좋겠습니다.

세상의 어둠에서도 별빛이 되어
아이들의 앞길을 밝혀 주소서.
아이들이 지칠 때 그들의 마음을

어루만져 주십시오.
어머니께 저의 아이들을 맡기고
저도 아이들과 함께
모든 이들을 사랑하며 살겠습니다.

# 여행을 떠나는 아이를 위하여

별빛으로 동방 박사들을
아기 예수님께 인도하신 주님,
여행을 떠나는 제 아이를 봉헌합니다.
친히 손잡아 동행해 주십시오.
순례 중 어려움과 두려움에서 보호해 주시고
길에서 만나는 이들과의 친교 안에서
주님을 느낄 수 있게 하소서.

아이의 마음에 큰 은혜를 주시어
아이가 일생을 살아가는 동안
힘이 되게 해 주시고

일상의 삶에서도 가까운 이웃들에게
은혜로운 체험을 나눌 수 있는
사랑스런 주님의 자녀가 되게 하소서.

# 자존감 있는 아이

저희를 당신의 자녀라고 부르시며
저희가 당신 닮기를 원하시는 주님,
제 아이가 매사에 정직하며
어떠한 처지에도 당당할 수 있는
용기를 주소서.
그른 일에 타협하지 않으며
본인이 결정한 일에는 소신을 갖고
최선의 노력을 다할 수 있는
은총도 청합니다.
잘못된 것을 인정하며
남의 의견을 들을 수 있는 귀를 열어 주시며

체면 때문에 허세에 빠지지 않게 해 주소서.
자신이 한 일이 잘못되었다는 것을
알게 되더라도
자책하지 않으며
그 일을 통하여 배우고
다시 도전할 수 있는 용기를 주소서.

# 수호천사께 드리는 기도

아이들에게 수호천사를 보내 주신 주님,
감사합니다.

아이의 수호천사님,
제 아이가 어둠 속을 헤맬 때 빛을 비춰 주시고
나쁜 길을 갈 때 주님께 인도해 주시며
어떠한 처지에서도
당신의 사랑으로 다스려 주소서.
위험 중에 길잡이가 되어서 보호해 주시며
순간순간 예수님께 저의 자녀를 맡겨 주소서.
아이가 늘 수호천사의 보호에 감사하게 하소서.

수호천사님,

제 아이를 당신의 보호하심에 맡겨 드립니다.

# 알게 모르게 받은 상처

주님 제 아이를 봉헌합니다.
아이는 어린 시절부터 상처를 받았을 것입니다.
청소년기를 지나 다 성장한 지금도 매일매일
어려움과 스트레스 속에 살고 있습니다.
스스로는 잘 모르지만
부모와 타인으로부터 받은 상처가
영혼에 덧입혀져
모든 일에 쉽게 포기하고
실망하게 된 것 같습니다.

또한 제 아이가 남에게 알게 모르게

준 상처에 대해
용서를 청할 수 있는 용기를 주시어
모두 주님 사람으로 치유시켜 주십시오.

이제껏 주고받은 상처가 치유되어
밝고 온유한 아이로 다시 태어나게 하소서.

# 하늘 엄마께 아이들의 순간순간을 봉헌하며

천상의 어머니이시며
우리들의 친엄마이신 성모 마리아님!
저의 작은 희생과 기도를 봉헌하며
저의 자녀를 성모님께 맡겨 드립니다.
지금 학교에 있을 아이의 생활을 그려 봅니다.
행여 공부 시간에 옆 친구와 장난을 치거나
헛된 생각에 빠져 있다면
성모님께서 저와 아이 사이에
무지개다리가 되어 주시어
서로 교감할 수 있게 해 주세요.
엄마의 마음이 어떨지 깨닫게 해 주시어
다시 마음을 다잡고 의무에

충실할 수 있도록 도와주세요.
사랑이신 엄마,
제가 청한 것보다
더 큰 도움을 주시리라 믿어요.

제가 아이를 성모님께 맡길 때
성모님께서 계획하셨던 일들이 이루어져
우리 주님께 찬미와 영광을
드릴 수 있게 해 주소서.

성모님, 사랑합니다.

# 시험을 앞에 둔
# 아이를 위한 기도

평화의 주님,

아이가 시험을 앞두고

두려움과 걱정에서 벗어나

마음의 평정을 유지할 수 있도록 도우소서.

혹여 앞 시간의 실수를

다시 생각하지 않게 하시며

그 시간에 최선을 다할 수 있도록

지혜와 용기를 주소서.

노력하지 않고 좋은 결과를 바라는

헛된 꿈을 버리고

노력한 만큼에 만족하며

주님의 뜻에 맡길 수 있는 믿음을 허락하소서.
시험의 어려움을 통하여
아이가 주님을 더 사랑할 수 있는
기회를 주소서.

# 사랑하게 하소서

세상을 창조하신 주님,
주님께서 사랑으로 우리를 낳아 주심에
감사드립니다.
제 아이는 사랑하는 것이 무엇인지
잘 모르는 것 같습니다.
주님께서 이웃을 내 몸처럼 사랑하라 하신
그 사랑을
나눌 줄 모릅니다.
메마른 아이의 마음에
사랑을 알려 주고 싶지만
저의 무지와 맹목적인 사랑이

아이의 마음을 더 무디게 만들었나 봅니다.
주님,
제 아이가 주님의 사랑을 깨달을 수 있도록
주님의 크신 자비에 아이를 맡겨 드립니다.
주님의 흘러넘치는 사랑으로
아이를 적셔 주소서.
목마르지 않게, 타지 않게
아이 안에 그 사랑 넘치도록
채워 주시리라 믿습니다.
주님 감사합니다.

# 잠들어 있는 아이 앞에서

별들을 지어 내신 주님,
고단하고 힘든 하루를 마치고
잠자리에 든 아이를 보살펴 주십시오.
과도한 공부 스트레스로
힘든 하루였을 것입니다.
아이의 잠자리가 푸른 초원이 되게 하시고
성모님께서 친히 팔베개해 주시어
꿈속에서 예수님을 만나는
감사의 시간이 되었으면 합니다.
아이가 이불을 차 버리고 잘 때마다
몇 번이고 다독이며 다시 덮어 주는

그 사랑의 마음은
주님께서 세상의 엄마들에게 주신 선물입니다.
그럴 때마다 주님의 따뜻한 사랑의 온기로
아이를 감싸 주소서.
아이의 휴식이 편안하고 행복하게 해 주소서.

# 귀가하는 아이를 기다리며

주님,
오늘도 제 아이와 함께해 주심에 감사드립니다.
아이는 오늘 하루 어떻게 지냈는지요.
아이의 생각과 행동들이
주님 보시기에 좋으셨는지요.
잘못된 것들도 있겠지요.
아이가 깨닫고 용서를 청할 수 있는
용기를 주십시오.

저희 집이 아이에게 따뜻하고
빨리 돌아오고 싶은

보금자리가 되게 도와주십시오.
주님,
집으로 돌아오는 아이를
위험에서 보호해 주시며
기쁨과 설렘으로 어서 돌아오게 하소서.

# 감실 앞에서

감실 안에 살아 계신 예수님,
제 아이가 감실 안에 계신 예수님께
꼭 매여 있기를 희망합니다.
감실 안에 계신 예수님을
친아빠로 고백하게 하시며
기쁠 때나 어려울 때나 혼란스러울 때에도
모든 문제들을 당신께 가져오게 하소서.
아이의 마음 안에
당신의 따뜻한 사랑과 기쁨이 충만케 하시며
세상에 나아가서는
주님 주신 평온함으로

주님 따르는 삶을 살아 낼 수 있도록
은총으로 이끌어 주소서.